GEHT!

ES WIRD ZEIT, DASS WIR LIEBEN

SPONTI-SPRÜCHE
№ 2

Gesammelt von Willi Hau und vielen anderen

Mit starken Sprüchen vom toten Göte

Eichborn Verlag

Mit Fotos von Carsten Frerk

CIP-Kurztitelaufnahme der Deutschen Bibliothek

Sponti-Sprüche / ges. von Willi Hau u. vielen anderen. -
Frankfurt / Main : Eichborn

NE: Hau, Willi [Hrsg.]

No. 2. Es wird Zeit, dass wir lieben / [Fotos
von Carsten Frerk]. - 1982.
JSBN 3-8218-1911-1

Eichborn Verlag
April 1982
Umschlaggestaltung: Wolfgang Pfankuch

Typografie: Dö Van Volxem
Druck und Bindung: Fuldaer Verlagsanstalt
Printed in Germany
JSBN 3-8218-1911-1

Ja, wer hätte das gedacht, der alte Göte. – Eigentlich war der alte Herr ja gar nicht so verkehrt. Jedenfalls hat er zu jeder Lebenslage was zu sagen gehabt – fast so wie Sterngucker und Horoskopschreiber, wie Gurus oder andere Oberlehrer. Stimmt, er hat sich auch'n paar Hämmer geleistet, zum Thema Frau oder so, und er ist sich auf seinem Olymp ganz schön toll vorgekommen.

Sei's drum.

150 Jahre ist er tot, und da entpuppt er sich als Ober-Sponti.

Das hätte sich sein treuer Neckermann nicht träumen lassen.

Und wenn Dir gute Sponti-Sprüche über den Weg laufen, oder wenn Du selbst zu dieser kreativen Spezies gehörst – wir freuen uns über jede Zuschrift:

Eichborn Verlag, Sachsenhäuser Landwehrweg 293
6000 Frankfurt 70

ES GEHT VORAN!

Alle reden von Politik, wir reden von uns

Allen Gewalten zum Trutz sich erhalten, nimmer sich beugen, kräftig sich zeigen.

Lieder: Beherzigung, Ein Gleiches

Als Gott den Mann erschuf, übte sie nur

ŭnd was hat se dann gemacht?
traŭrig

—

Auch die Linke braucht Pinke

Am Ende hängen wir doch ab von Kreaturen, die wir machten.

Faust 2

Baut keine neuen Atomraketen, bevor die alten nicht verbraucht sind

---

Behaltet euer Lustprinzip – wir vögeln selber

Besser Fallobst als Phallokratie

Armut, keuschheit und Gehorsam... unerträglich sind sie alle.

Götz von Berlichingen

Besser Allianz versichert
als Nato geschädigt

Besser die Sau rauslassen
als die Bullen holen

Besser ein totes Gummibärchen
als ein lebender Dauerlutscher

Besser FKK
als FDP

Beharre, wo du stehst.

Maximen und Reflexionen

Wo aus Mauern Blumen wachsen
hat das Leben die
Oberh@nd

Besser Jägermeister als Düsenjäger

Besser laufen als faulen.

Reineke Fuchs

Besser'ne freundliche
U-Bahn
als'n freundliches
U-Boot

—

Besser neutral
als Neutronen

Da steh ich schon,
des Chaos vielgeliebter Sohn!

Faust 2

Besser'n Bohrloch
als'n Arschloch

Besser ekelhaft
als Einzelhaft

Besser'n Gutschein
als'n Jagdschein

Das Tun interessiert,
das Getane nicht.

zahme xenien

Besser'n Hochstapler
als'n Tiefflieger

Besser'n Longdrink
als'n Quickfick

Besser'n Tischbein dat wackelt
als'n Holzbein dat brennt

Besser'n Rock'n Roll
als rums und tot

Der Hass ist parteiisch,
aber die Liebe ist es noch mehr.

Wahlverwandtschaften

Sie wollen
nur unser
Bestes, doc
das kriegen
Sie Nicht

Das Chaos
sei willkommen –
die Ordnung
hat versagt

Der Jüngling kämpft, damit der Greis geniesse.

Elpenor

Demonstrationen
von Demokraten
statt Nationen
von Nazis

—

Der Enkel und sein Opa
wollen Frieden in Europa

Der Worte sind genug gewechselt,
lasst mich auch endlich Taten sehn.

Faust 1

Der Mai ist gekommen,
die Bullen schlagen aus

—

Der Softi
ist auch keine Lösung

—

Dich liebt nicht mal Gott –
wie kannst du dich da
selber lieben

kein Problem

Die Fratze des Parteigeistes
ist mir mehr zuwider
als irgendeine andere Karikatur.

Brief an Schiller

Die Hedonistische Linke grüsst alle Fans, kaputtniks, Freaks und Gerd Müller

Die Intelligenz verfolgt dich, doch du bist schneller

Die Scheibe klirrt, der Sponti kichert, hoffentlich Allianz versichert

Die Schweine von heute sind die koteletts von morgen

Die Gabel sticht, der Besen kratzt,
das Kind erstickt, die Mutter platzt.

Faust 1

Also sowas

Drei Jahre war der Papa Punk –
jetzt rockt er wieder.

Gott sei Dank

Die Sinne trügen nicht,
aber die Uhrzeit trügt.

Maximen und Reflexionen

Dresdener Bank nach
Dresden
Commerzbank
ins Komm

Du bist alles!
Dein Volk ist nichts

Diese dummen Pfaffenchristen,
Lasst uns keck sie überlisten.

Balladen: Die erste Walpurgisnacht

Ein Sponti weiss nicht,
was er will,
weiss aber, was er nicht will

Einzeln und frei wie ein Baum
und brüderlich wie ein Wald
ist meine Sehnsucht

Einst lehrten uns die Griechen
die Philosophie –
heute leeren sie die Mülleimer

Ein jeder kehre vor seiner Tür,
und rein ist jedes Stadtquartier.

Gedichte: Bürgerpflicht

Es gibt viel zu tun-
warten wirs ab
—
Es gibt viele zu packen.
Tun wirs ihnen an
—
Es ist unwichtig, wo wir den Rest
unserer Tage verbringen.
Es sind nicht mehr viele
—
Es wird Zeit, dass wir lieben

Entzieht euch dem verstorbnen Zeug,
Lebend'ges lasst uns lieben!

zahme xenien

NO FUTURE
DEMO
HAGENB
KTION INGRID HOPPE

Frauen, seid lieber
Schön als Klug –
Männer Können besser
gucken
als denken

Erlaubt ist, was gefällt!

Torquato Tasso

Frackzwang für Baghwan

Frieden schaffen ohne Pfaffen

Freiheit?
Ein schönes Wort, wer's recht verstünde.

Egmont

Gegen Hässlichkeit hilft Farbe
auch nur wenig –
aber lasst es uns dennoch
versuchen

Gestern standen wir am Rande
des Abgrunds, heute sind wir
schon einen Schritt weiter

Gott ist tot. — Nietzsche ist tot.

Nietzsche Gott

Gesetz ist mächtig,
mächtiger ist Not.

Faust 2

Haut die Ziwis
rund wie Kiwis

Herzkäse, Leberkäse,
und meine Nieren
wollen auch nicht mehr so

High nun-
denn morgen können wir tot sein

Hört auf zu weinen,
das war erst der Anfang

Getretner Quark wird breit,
nicht stark.

West-östlicher Divan: Buch der Sprüche

wird Zeit,
daß wir Leben!
Geh erst mal arbeiten!
SIE
Für Wen Denn???

Ich bin Schizo, in mir zieht's so

Gold kauft die Stimme grosser Haufen,
Kein einzig Herz erwirbt es dir.

Lieder: Wahrer Genuss

Jch bleib meinem Motto treu:
Schwul,
pervers
und arbeitsscheu

—

Jch mach mir meine
Katastrophen
selber

LM

Grau, teurer Freund, ist alle Theorie
und grün des Lebens güldener
Baum.

Faust 1

Jch wollt', ich wär ein Teppich. Dann könnt ich jeden Morgen liegenbleiben

—

Jedem Krüppel seinen Knüppel

—

Jedem Rowdy einen Audi

Jch bin der Geist, der stets verneint! Und das mit Recht, denn alles, was entsteht, ist wert, dass es zu Grunde geht.

Faust 1

Jeder stirbt sein Leben.
Auch du

—

Klopp die Popper
platt wie Shopper

was ist das?

—

Kommt, lasst uns alle anders sein
als ich

—

Krank ist nicht tot

Ich hab es klug gemacht,
ich habe nie über das Denken gedacht.

Zahme Xenien

WER SICH NICHT WEHRT
LEBT VERKEHRT

lasst uns doch
die alten Fehler
wieder begehen-
Genossen

wird erledigt

LLrS

Ich habe meine Sache auf nichts gestellt,
juchhe!

Gesellige Lieder: Vanitas

Lasst uns schonungslos die Machenschaften der Kapitalisten bei der letzten Niederlage der Frankfurter Eintracht aufdecken!

—

Liebe ist das schönste Geschenk. Aber wer macht heute noch schöne Geschenke? Ich

Zum Auslegen seid frisch und munter!
Legt ihr's nicht aus, so legt was unter.

Zahme Xenien

Lieber arm dran
als Arm ab

—

Lieber bekifft
als High Society

—

lieber ein Bier in Trier
als 'ne Cola in Poona

In deinem Nichts
hoff ich, das All zu finden.

Faust 2

Lieber 'ne Pulle Bier als 'ne Pullezei

Man lebt nur einmal in der Welt.

clavigo

lieber'n geilen Papa
als'n Papagei
oder Papa in Rom

blöder Spruch

Lieber Schamlippen küssen
als Schlamm schippen
müssen

Mir ist das All,
ich bin mir selbst verloren.

Marienbader Elegie

Lieber schwarze Flecken
bei den Roten
als braune Flecken
bei den Grünen

—

Lieber soziales Klimbim
als atomares Bum Bum

—

Lieber zehn Landjäger
als ein Feldjäger

Nein, er gefällt mir nicht,
der neue Bürgermeister!

Faust 1

Lummerland wird abgebrannt,
und Wallmmanntown wird
plattgehaun ohne mir

Lungenkrebs – der Geschmack
eines freien Landes
Mao ist tot.
Laotse lebt.
Das ist Geschichte
Marx lebt – Engels leider auch!

Nichts ist drinnen, nichts ist draussen;
denn was innen, das ist aussen.

Epirrhema

Hier wird
RENOVIERT
statt
ABSA(H)NIERT.

Mir geht nichts über mich

Nichts ist widerwärtiger
als die Majorität.

Maximen und Reflexionen

Mollis
statt
Müsli

—

Moral
anal oder ödipal
ist egal

Nichts schrecklicher kann
den Menschen geschehn,
als das Absurde verkörpert zu sehn.

zahme xenien

Nehmt dem Schmidt
die Orgel weg,
schenkt ihm den
Orgasmus

—

Nepal statt Napalm

—

Neuer Job für Ronald-
Kellner bei McDonald

Nur die Lumpe sind bescheiden,
Brave freuen sich der Tat.

Gesellige Lieder: Rechenschaft

Nichts ist Nichts – aber etwas
ist auch nicht viel

Nichts Menschliches
ist mir fremd – aber manchmal
ist es mir zuviel

Nieder mit dem Müsli

Nikon nach Nikaragua

O glücklich, wer noch hoffen kann,
aus diesem Meer des Irrtums
aufzutauchen!

Faust I

LERNT FRIEDEN

Noch 11 Jahre bis 1984

Sag deinem Hauptmann:...
Er kann mich am Arsch lecken.

Götz von Berlichingen

Ohne Bedenken
eine Speiche
aus meinem Rennrad
schenken

Petting
statt
Pershing

Sag mir doch! Ob du dahin trittst,
wo man den Weg beschissen?

Zahme Xenien

Politessen in die Betten
der Politiker,
Polizisten in die Betten
der Poliklinik -
und Pollution
dem Polen in Rom
—
Politiker aller Länder
- Verpisst euch
—
Quarkrahm statt Startbahn

Schlägst du erst diese Welt zu Trümmern,
die andre mag darnach entstehn.

Faust 1

Radfahrer aller Länder,
vereinigt euch.
Ihr habt nichts zu verlieren
ausser euren Ketten

—

Reggae statt Reagan

—

Sägt die Bonzen ab-
lasst die Bäume stehn

—

Schickt Reaktionäre
und Aktionäre,
Journalisten und Christen
zu den Obristen

Seele des Menschen, wie gleichst du
dem Wasser! Schicksal des Menschen,
wie gleichst du dem Wind!

Gedichte: Gesang der Geister über den Wassern

denkt darüber
nach

Schon wieder sind fünf Jahre vergangen– noch immer keine Revolution

Töricht, auf Bess'rung der Toren zu harren!
Kinder der Klugheit, o habet die Narren
eben zum Narren auch, wie sich's gehört.

Koptisches Lied

Seid furchtbar
und wehret euch
—
Seid unrealistisch –
verlangt was ihr wollt!

Trost ist ein absurdes Wort:
Wer nicht zweifeln kann, der muss nicht leben.

Sprichwörtlich

Soll Strauss doch
in Polen
Ananas züchten

Solange wir die Freiheit haben
zu träumen, träumen wir,
die Freiheit zu haben

Spontaneität
muss wohl überlegt sein

Uns bleibt ein Erdenrest zu tragen peinlich,
und wär er von Asbest, er ist nicht reinlich.

Faust 2

Sprengt euren Rasen –
und alles andere auch in die Luft

Überall auf roten Mauern
sieht man Friedenstauben lauern

Unordnung:
wo nichts am rechten Platz ist –
Ordnung:
wo am rechten Platz nichts ist

Verbittert ist der Kakadu,
sagt man zu ihm: Du Kacker, du

Von der Gewalt, die alle Wesen bindet,
befreit der Mensch sich, der sich überwindet.

Gedichte: Die Geheimnisse

SIE HA
BEN DIE
MACHT,
DOCH WIR
HABEN DIE
NACHT

Wär Maria hart
geblieben –
wär uns Weihnachten
erspart geblieben

Wähntest du etwa, ich sollte das Leben hassen, in Wüsten fliehen, weil nicht alle Blütenträume reiften?

Gedichte: Prometheus

Wahn und Wissen
gegen
Wehr und Waffen
—
Warum soll die Polizei
den ganzen Spass
alleine haben?
Bewaffnet die Bevölkerung

Was bringt zu Ehren?
Sich zu wehren!

West-östlicher Divan: Buch der Betrachtungen

Was kann Gott dafür,
dass der Mensch
soviel Scheisse baut

Was lange währt,
wird endlich gut –
Was lange gärt
wird endlich Wut

Was hast du uns absurd genannt!
Absurd allein ist der Pedant.

zahme xenien

Weg mit dem
reaktionären Operationsbesteck.
Wir wollen Hammer und Sichel

wirklich?

Wer andern eine Grube gräbt,
ist Bauarbeiter

Wer für die Revolution betet,
wartet unterm Apfelbaum
auf Obstler

Wer hoch steigt,
fällt nicht weit vom Stamm

Welche Regierung die beste sei?
Diejenige, die uns belehrt, uns selbst
zu regieren

Maximen und Reflexionen

IS DOCH EIN
LEBEN
DAS LEBEN
DAS WIR LEBEN

Wer nicht stöhnen will, muss büssen

Wenn du dich selber machst zum Knecht, bedauert dich niemand, geht's dir schlecht.

Epigrammatisch: Keins von allen

Wer nicht begehrt — lebt verkehrt
wer nicht verkehrt, wird nicht begehrt

—

Wichsvorlagen
für die Bumswehr

—

Wir haben es den Indern,
den Philippinos und dem Winfried
noch nicht abgewöhnt
zu vögeln

Wer das Recht auf seiner Seite fühlt,
muss derb auftreten.

Maximen und Reflexionen

Wir schiessen Strauss und Albrecht
auf den Mond,
damit sich Raumfahrt wieder lohnt

Wir wissen nicht, was wir wollen,
aber das mit ganzer Kraft

Wir wollen 'nen Popper als Oppa
statt 'nen Nazi
als Präsident

Wer nicht mehr liebt
und nicht mehr irrt,
der lasse sich begraben. Epigrammatisch: Das Beste

Wo Blinde die Macht haben,
brauchen Sehende Gewalt

—

Wo wir sind, klappt nichts.
Aber wir können überall sein
nicht

—

Zerstör, was dich zerstört-
zerstör dich selbst

—

Zwischen Leber und Milz
passt immer noch ein Pils

Wieviel bist du von andern unterschieden?
Erkenne dich, leb mit der Welt in Frieden!

Lieder: Zuneigung

NEHMT
ABSCHIED